MINISTÈRE DE L'INSTRUCTION PUBLIQUE

ET DES BEAUX-ARTS

DES ÉVOCATIONS

DANS L'ANCIEN DROIT

ET DES CONFLITS D'ATTRIBUTIONS

DANS LE DROIT INTERMÉDIAIRE

PAR ALFRED DES CILLEULS

CHEF DE DIVISION HONORAIRE À LA PRÉFECTURE DE LA SEINE
MEMBRE TITULAIRE DU COMITÉ DES TRAVAUX HISTORIQUES ET SCIENTIFIQUES
PRÉSIDENT DE LA SOCIÉTÉ D'ÉCONOMIE SOCIALE
LAURÉAT DE L'INSTITUT

(Extrait du *Bulletin des sciences économiques et sociales du Comité des travaux historiques et scientifiques*, année 1897)

PARIS

IMPRIMERIE NATIONALE

M DCCC XCVIII

DES ÉVOCATIONS

DANS L'ANCIEN DROIT

ET DES CONFLITS D'ATTRIBUTIONS

DANS LE DROIT INTERMÉDIAIRE

MINISTÈRE DE L'INSTRUCTION PUBLIQUE
ET DES BEAUX-ARTS

DES ÉVOCATIONS

DANS L'ANCIEN DROIT

ET DES CONFLITS D'ATTRIBUTIONS

DANS LE DROIT INTERMÉDIAIRE

PAR ALFRED DES CILLEULS

CHEF DE DIVISION HONORAIRE À LA PRÉFECTURE DE LA SEINE
MEMBRE TITULAIRE DU COMITÉ DES TRAVAUX HISTORIQUES ET SCIENTIFIQUES
PRÉSIDENT DE LA SOCIÉTÉ D'ÉCONOMIE SOCIALE
LAURÉAT DE L'INSTITUT

(Extrait du *Bulletin des sciences économiques et sociales du Comité des travaux historiques et scientifiques*, année 1897)

PARIS

IMPRIMERIE NATIONALE

M DCCC XCVIII

DES ÉVOCATIONS

DANS L'ANCIEN DROIT

ET DES CONFLITS D'ATTRIBUTIONS

DANS LE DROIT INTERMÉDIAIRE.

Le terme de *conflit* était déjà usité, dans l'ancien droit français, comme celui d'*évocation ;* mais on ne connaissait alors que le *conflit de juridiction* [1] et non celui d'*attributions*, qui, du reste, n'avait pas été expressément dénommé par la loi, avant d'être défini par la doctrine.

Dans quelles formes était revendiqué, avant la Révolution, le pouvoir de prononcer sur certaines catégories d'affaires ? Qui avait qualité pour reconnaître la compétence des autorités rivales ? C'est ce que nous nous proposons d'examiner.

I

Qu'était-ce d'abord, qu'une évocation, dans le vieux langage juridique ? Cette expression avait trois sens différents :

1° On appelait évocation le fait, «de la part d'un tribunal, d'attirer à soi la connaissance d'une contestation portée devant un autre tribunal» ;

2° Puis, l'évocation se disait aussi du renvoi pour cause de suspicion légitime ;

3° Enfin, elle s'entendait du privilège d'avoir ses causes portées [2] de-

---

[1] Guyot, *Répertoire*, V° *Conflit ;* c'est «un combat d'autorité, entre plusieurs tribunaux qui veulent s'attribuer la connaissance d'une affaire... il n'y a vraiment conflit que quand plusieurs juridictions ont pris connaissance de la même affaire. par des jugements qui forment, en quelque sorte, un choc de leur autorité réciproque».

[2] Le privilège de *committimus* dérivait d'une évocation ; mais son étendue était limitée de plusieurs manières :

1° Il devait avoir été conféré avant toute instance et d'une manière générale ;

2° On n'en jouissait qu'à raison d'une qualité officielle et déterminée ;

3° A la fin du xv° siècle, il fut restreint aux causes personnelles ou possessoires (Ordonnance de mars 1498, art. 43) et, dans la seconde moitié du xviii°, aux seules causes personnelles (Déclaration du 25 février 1771) ;

4° Étaient exclues du privilège les affaires de police et celles qui avaient été attribuées à des juridictions exceptionnelles.

2.

vant une juridiction spéciale et *extraordinaire*; c'était alors une évocation de grâce [1].

Dans le premier et le troisième sens indiqués rentraient les revendications du roi, pour l'un des Conseils qui l'assistaient dans l'examen des affaires.

L'abus en était ancien et devint si criant, au xive siècle, que Charles V défendit d'avoir égard aux lettres arrachées, par importunité, pour dessaisir les tribunaux ordinaires [2]; son successeur l'imita [3].

Sous Charles VIII, les États généraux de 1483 inscrivirent dans leurs cahiers des doléances, à ce sujet; mais, dans la réponse faite au nom du roi, on réserva certaines catégories d'affaires : «Pour pourvoir aux faicts desdicts offices», le roi «a ordonné évoquer, par devant lui, en son Grand Conseil, toutes causes qui en sont mues, afin que sommairement justice soit administrée aux parties».

Dans un lit de justice du 24 juillet 1527, le Chancelier, au nom de François Ier, défendit pareillement à la Cour du Parlement de s'occuper des affaires ecclésiastiques réservées au Grand Conseil.

Lorsque cette dernière compagnie fut devenue elle-même une sorte de juridiction indépendante, ce fut devant le Conseil privé que s'exercèrent les évocations arbitraires, au xvie siècle. Ainsi, les Prévôt des Marchands et Échevins de Paris ayant formé opposition à l'enregistrement de lettres patentes du 20 décembre 1553, qui concédaient aux Dominicains de la rue Saint-Jacques un emplacement reconnu dépendre du domaine communal, de nouvelles lettres patentes du 11 novembre 1554 évoquèrent la contestation [4].

Sur la demande des États généraux, il y eut postérieurement de nouvelles défenses de distraire les parties de leurs juges naturels [5]. Néanmoins, après avoir posé le principe du dessaisissement de son Conseil pour les matières contentieuses [6], Henri III laissa entre les mains de cette assemblée des objets pouvant donner lieu à évocation [7].

Son successeur fit de même; il confirma les ordonnances prohibitives rendues selon le vœu des États [8], mais souffrit que le Conseil appréhendât

[1] Guyot et Denizart, V^o *Évocation*.
[2] Mandement du 22 juillet 1370.
[3] Ordonnance de mai 1414 (art. 214).
[4] Archives nationales, S 4229.
[5] Ordonnances de février 1566 (art. 70) et mai 1579 (art. 65); voir aussi Déclaration du 18 mai 1529; Édits d'août 1539 (art. 170) et mars 1545.
[6] Règlements des 1er mars 1579 et 20 janvier 1580.
[7] Règlement du 31 mai 1582.
[8] Édit de janvier 1597 (art. 12 et suivants).

directement certaines causes qu'il se déclarait seul en droit de juger; tels
furent : 1° un procès entre les habitants d'Auxonne et le fermier général
de la douane de Lyon et des impositions foraines en Bourgognè, Cham-
pagne et Picardie [1]; 2° l'appel d'une ordonnance des Trésoriers de France
en Bretagne [2]; 3° une action dirigée contre le Lieutenant criminel de
Nantes, au sujet d'une taxe sur le sel exporté de Bretagne [3]; 4° les con-
testations sur l'assiette ou l'exigibilité des décimes ecclésiastiques [4].

Sous Louis XIII, l'extension des pouvoirs conférés aux Trésoriers de
France [5] eut pour effet de multiplier les évocations [6].

D'ailleurs, la nature, le nombre et l'importance des services publics se
prêtaient également à cette mesure. La situation s'accentua au temps de
Louis XIV, avec l'organisation officielle et administrative des manufactures,
l'accroissement des armées et les fournitures nécessaires à leur entretien,
la centralisation administrative, etc.

Au xviii° siècle, où la distinction des pouvoirs était nettement établie et
même exagérée, on trouve nombre d'évocations au Conseil; nous en cite-
rons seulement quelques exemples.

En matière de police : 1° dessaisissement de la Cour souveraine de
Lorraine et renvoi au Conseil d'une sentence de police rendue à l'occasion
d'une fabrique dangereuse et insalubre [7]; 2° évocation d'une saisie de
grains étrangers réputés nuisibles [8]. En matière de gestion, mesure ana-
logue, pour une action dirigée contre un comptable de deniers publics,
«à raison des fonctions de son emploi» [9].

II

L'évocation, affectant l'ordre public, pouvait résulter d'un acte de propre
mouvement; beaucoup d'arrêts intervinrent avec ce caractère; le préam-
bule se bornait alors à constater que «le roi étant informé», etc. Dans
d'autres cas, l'évocation avait lieu sur la demande de l'une des parties ou,
encore, des juges administratifs dont la décision avait été déférée à quelque
juridiction incompétente, tandis qu'elle aurait dû être soumise au Conseil;
même après qu'une Cour, par exemple, avait statué sur l'appel, on rece-

[1] Arrêt du Conseil du 14 mars 1602.
[2] Arrêt du Conseil du 27 février 1603.
[3] Arrêt du Conseil du 27 février 1603.
[4] Arrêt du Conseil du 6 mars 1603; autre du 13.
[5] Édits de février 1626 et avril 1627.
[6] Arrêts du Conseil des 23 septembre 1628. 30 octobre 1632, 25 août 1635
et 24 juillet 1638.
[7] Arrêt du Conseil du 13 juillet 1773.
[8] Arrêt du Conseil du 18 février 1772.
[9] Arrêt du Conseil du 1er janvier 1753.

vait encore les demandes en cassation d'arrêts, pour cause d'incompétence. Si les motifs qui avaient déterminé les juges du second degré à retenir une affaire n'étaient pas exprimés ou ne ressortaient pas des pièces, ordre était donné au ministère public d'en faire connaître l'économie. Sur le vu de la réponse, et si le pouvoir administratif était reconnu compétent, on mettait d'abord à néant la sentence attaquée; puis, par voie de conséquence, la cause était, tantôt attribuée à celui des Conseils qui proposait l'annulation; tantôt renvoyée, soit à des commissaires, soit à un autre Conseil, soit enfin à l'intendant de la généralité au sein de laquelle s'agitait la contestation.

III

Aucun délai fatal n'était fixé pour les évocations d'office; au contraire, quand on les demandait par requête, celle-ci devait être présentée dans un délai de trois mois, à dater de la signification [1]; l'acquiescement constituait une fin de non-recevoir insurmontable.

L'évocation pouvait intervenir, non seulement après décision rendue, mais dès qu'une requête avait saisi l'autorité judiciaire [2].

IV

Il ne faut pas confondre avec les évocations l'exercice pur et simple du pouvoir qui appartenait au souverain de reconnaître les limites des attributions respectives de ses officiers, selon l'ordre établi par les lois et règlements.

Ainsi ne doivent pas être regardés comme ayant eu pour but ou pour effet de porter atteinte à des prérogatives normales les actes par lesquels le pouvoir souverain se réserva de vider les conflits survenus :

1° Entre le Parlement et la Chambre des comptes [3];

2° Entre un lieutenant général de police et un maire [4];

3° Entre un lieutenant du roi et des consuls [5].

De même, dès le XVIᵉ siècle, se trouva consacré le principe, admis par la plus récente jurisprudence, que l'Administration a seule qualité, pour apprécier, chez l'un de ses agents, tout fait inséparable de l'exercice même de ses fonctions [6].

[1] Règlement du 28 juin 1738.
[2] Arrêt du Conseil du 9 août 1768.
[3] Lettres du 14 février 1401.
[4] Arrêts du Conseil des 3 juin 1747 et 12 octobre 1757.
[5] Arrêt du Conseil du 26 juillet 1672.
[6] Arrêts du Conseil des parties du 7 août 1582; arrêts du Conseil des 1ᵉʳ janvier 1753 et 12 octobre 1757.

A plus forte raison, était-il naturel de dessaisir l'autorité judiciaire, lorsque celle-ci prétendait, soit révoquer une directrice des postes [1], soit recevoir l'appel d'un directeur des diligences et messageries [2], d'un contrôleur de la régie [3], d'un maire [4] ou d'un instituteur public [5], pour cause de destitution prononcée.

V

Il n'est pas sans exemple de voir, soit rejeter des demandes d'évocation, soit dessaisir l'un des Conseils du roi, au profit des tribunaux [6].

VI

L'évocation avait pour but de sanctionner la règle d'indépendance de l'administration, vis-à-vis des tribunaux; mais il ne suffisait pas de défendre ou d'enjoindre : encore fallait-il que les ordres reçus fussent respectés, et ils ne l'étaient pas toujours. De là des mesures de rigueur pour vaincre les résistances. Au siècle dernier, on vit casser des décisions judiciaires rendues «en attentat» aux actes pris en Conseil, au sujet de questions sur la compétence des autorités [7]. Les Parlements ne s'en tenaient pas à un refus d'obéissance; il leur arriva de prononcer un ajournement personnel, soit contre un curé qui avait lu en chaire l'arrêt du Conseil [8], soit contre les parties qui l'avaient obtenu et l'huissier chargé de sa signification [9].

De son côté, le Conseil sévissait contre les officiers ministériels, qu'il rendait responsables de procédures irrégulières et frustratoires; on infligea des peines aux procureurs [10]. Le Chancelier était, au surplus, armé de

[1] Arrêt du Conseil du 24 septembre 1744.

[2] Arrêt du Conseil du 9 mars 1776. — Le Conseil avait voté l'impression de son arrêt; mais une note marginale porte : «Mgr le Contrôleur général (Turgot) *ne veut pas qu'il soit imprimé.*»

[3] Arrêt du Conseil du 13 avril 1779.

[4] Arrêt du Conseil du 29 juillet 1786.

[5] Arrêt du Conseil du 22 janvier 1775.

[6] Arrêt du Conseil du 19 novembre 1598; autres des 22 mai 1759 et 5 mars 1776; etc.

[7] Arrêts du Conseil des 26 mars 1751 et 1er novembre 1763.

[8] Arrêt du Conseil du 2 mai 1785.

[9] Arrêt du Conseil du 3 octobre 1759.

[10] Arrêt du Conseil du 25 septembre 1781 (interdiction d'exercer à peine de faux; 3,000 livres d'amende); autres des 29 juillet et 26 août 1783, 23 mars 1784, 3 mai 1785.

pouvoirs disciplinaires, contre ceux qui auraient voulu se mettre en état de rébellion.

Dans maintes circonstances, des magistrats assis ou debout furent mandés «à la suite du Conseil», pour être interpellés et, au besoin, réprimandés [1]; comme ressources extrêmes, il y avait la suspension, l'interdiction et même le retrait des provisions d'offices dont étaient pourvus les magistrats amovibles ou inamovibles. Mais, dans la pratique, on n'usait de ces moyens que pour cause politique ou envers des magistrats subalternes. Aussi l'insubordination alla-t-elle en croissant, depuis la Régence. Au xvii° siècle, les Parlements enregistraient, comme des lois et sans murmure, les arrêts du Conseil cassant leurs décisions; au xviii° siècle, ils les déclaraient illégaux et défendaient de les exécuter.

VII

L'Assemblée constituante ne fixa aucun mode, pour dessaisir les tribunaux ordinaires des instances portées, à tort, devant eux. En réalité, comme elle ne reconnaissait qu'au législateur le droit de donner l'interprétation de ses actes, elle se réservait virtuellement de prononcer sur la compétence administrative ou judiciaire, dans une cause déterminée; aussi fit-elle, plusieurs fois, des règlements de conflits, ce qui était peu conciliable avec la division des pouvoirs *législatif et exécutif*; mais, comme ce dernier était réputé l'un des *trois* pouvoirs de l'État et la justice un autre, il n'eût pas été plus logique de déférer la prérogative de dessaisissement à l'Administration, tandis que le législateur paraissoit l'arbitre naturelle-

[1] Cette pratique fut reprise sous le Directoire. L'article 145 de la Constitution du 5 fructidor an iii autorisait le pouvoir exécutif à «interroger» les personnes impliquées dans une conspiration. Mais, en fait, on ne s'en tint pas là; plusieurs fois, il arriva que des juges de paix furent, ou conduits en prison, ou mandés devant les membres du Gouvernement, sans aucun soupçon de complot (arrêté du 7 ventôse an vi); par exemple, pour «avoir entravé et empêché l'exécution des lois relatives aux ministres du culte»; le magistrat poursuivi était «coupable» de l'acquittement d'un prêtre dénoncé comme ayant rempli son ministère, sans accomplissement préalable des formalités requises; «les principes développés» dans la sentence, étaient «destructifs de tout ordre social»; le «magistrat prévaricateur» avait «*proclamé et provoqué* (sic) *la* violation» des lois; il avait «poussé l'impudence et la perfidie jusqu'à motiver sa conduite indécente sur un arrêté du Directoire», dont il avait «dénaturé les dispositions» (arrêté du 16 pluviôse an vi).

Sous le Consulat, un arrêté du Gouvernement du 15 brumaire an x, après avoir annulé un jugement du tribunal d'appel de Besançon, mande, «à la suite du Conseil d'État», le président de la compagnie judiciaire, pour qu'on sache «si la conduite du tribunal... n'est que l'effet d'une simple erreur, ou s'il faut l'attribuer à une affectation coupable».

ment qualifié, pour départager les deux autres organes de la puissance publique.

La Convention s'attribua ouvertement le soin de vider les conflits [1].

En rédigeant un pacte fondamental, dans le cours de l'année 1795, elle remit cet attribut au Gouvernement; la décision était rendue par le Ministre de la justice et confirmée par le Directoire exécutif, «*sauf* à en référer au Corps législatif» [2]. Y avait-il, dans cette dernière disposition, l'idée d'une simple faculté ou, au contraire, d'un devoir pour le Gouvernement? C'est dans ce dernier sens qu'il convient de résoudre la question, car le droit public, depuis 1790, réservait au Parlement le soin d'interpréter les lois [3], et la Constitution de l'an III, en particulier, prescrivait au tribunal de cassation d'employer la voie du *référé*, pour éclaircir les doutes qu'il éprouvait, sur le sens et la portée des textes à appliquer [4].

Mais le Directoire fit litière de cette règle. D'une part, feignant de trouver claires des lois dont l'esprit était sujet à controverse, ou même de voir, dans ces lois, des termes qui ne s'y trouvaient pas, il se dispensa de soumettre au Conseil des Cinq-Cents les cas où la solution des conflits dépendait du choix à faire, entre les diverses manières de comprendre la pensée du législateur; il alla plus loin et, sous l'égide de simples considérations qui auraient été bonnes seulement pour justifier, à la rigueur, l'adoption de lois nouvelles, il suppléa, par ses décisions, à des actes délibérés dans les deux Chambres. Et, soit dit entre parenthèse, cette usurpation eut d'autant plus de gravité que le Directoire ne s'en tint pas au règlement des conflits *d'attributions,* mais se saisit également des conflits *de juridiction,* entre les tribunaux ordinaires et les conseils de guerre, entre ceux-ci et les *commissions militaires.*

D'autre part, sous prétexte [5] que les référés venant de l'autorité judi-

---

[1] Décrets des 21 prairial an II, 15 pluviôse, 1ᵉʳ et 13 fructidor an III.

[2] Loi du 21 fructidor an III (art. 27).

[3] Lois des 16-24 août 1790 (titre II, art. 12) et 27 novembre, 1ᵉʳ décembre même année (art. 21).

[4] Art. 256; l'article 364 autorisait, de plus, les corps constitués à s'adresser au Corps législatif, sous forme de pétitions, «pour des objets propres à leurs attributions»; l'article 28, § 2, de la loi du 21 fructidor an III, pour les assemblées administratives et locales, le droit de saisir «directement» le Conseil des Cinq-Cents, à plus forte raison ces rapports immédiats devraient-ils exister pour les tribunaux ordinaires.

[5] Le 1ᵉʳ frimaire an IV, il ne craignit même pas d'*annuler* une délibération du tribunal de cassation relative au mode de renouvellement de ses membres, comme portant atteinte à un prétendu arrêté rendu, par les comités réunis de législation et de sûreté générale, le 13 brumaire an IV; or, d'après la loi du 30 vendémiaire précédent (art. 29 et 30), les comités cessèrent, précisément le 13 brumaire, de pouvoir valablement remplir les fonctions qui leur furent continuées jusqu'à l'instal-

ciaire devaient être transmis, par ses soins, au Corps législatif [1], le Directoire posa en thèse générale qu'il ne devait remplir le rôle d'intermédiaire qu'autant que les questions soulevées présentaient réellement des obscurités à dissiper; et, quoiqu'il n'eût pas été dans la pensée de la Convention de faire *apprécier par le Gouvernement* les scrupules juridiques des magistrats, une foule de référés furent, par de simples arrêtés du Directoire, déclarés sans objet, au moyen de préambules parfois assez longs qui témoignaient, par leur développement, de la raison d'être des hésitations éprouvées par les tribunaux; c'est dans ce précédent, aujourd'hui absolument ignoré, qu'il faut chercher l'explication du système qui, après le 19 brumaire an viii, eut pour objet d'attribuer au Conseil d'État la prérogative de «développer le sens des lois» [2].

L'exercice du droit de pétition, auprès du Corps législatif, empêcha quelquefois les dénis de justice qu'aurait commis le Directoire [3].

Avant le xixᵉ siècle, aucune loi n'avait tracé de règles sur la procédure, en matière de conflits d'attributions; pendant le régime directorial, il était ordonné seulement de surseoir à statuer, sur le fond des affaires pendantes, jusqu'au moment où serait connue la décision du pouvoir exécutif, pour l'émission de laquelle était imparti un délai de trente jours, après quoi le conflit cessait d'avoir un effet suspensif. Cela laissait une quadruple lacune, sur des points essentiels; en effet, il importait de savoir à quels caractères les tribunaux devraient reconnaître l'existence d'un conflit, afin d'arrêter provisoirement la marche de la justice; puis il n'était pas moins nécessaire d'indiquer, au point de vue pratique, par qui le Ministre de la justice serait saisi de la querelle de compétence et comment on ferait courir le délai accordé au Gouvernement pour statuer.

Enfin, si les juridictions sont établies dans un but d'ordre public et non pas dans l'intérêt des parties ou de l'une des parties en cause, c'était aussi un principe de droit public admis même par la jurisprudence des Conseils du roi, avant la Révolution, que nul ne doit être distrait de ses juges naturels; les plaideurs qu'on prétendait arracher du prétoire, pour les livrer à des administrateurs prononçant à huis clos, avaient donc qualité pour être admis à faire valoir leurs moyens, afin de contester, au besoin, la légitimité de la mesure qui les menaçait.

lation du Directoire, lequel, dès la veille, avait nommé les ministres et fixé le mode de publication des lois.

[1] Arrêté du 9 nivôse an iv (refus de transmettre un référé du tribunal de cassation); cette prétention ne reposait sur aucun texte, mais on la fit résulter du double principe : 1° que la surveillance de *l'exécution* des jugements appartenait au ministère public; 2° que les officiers du parquet relevaient du Gouvernement.

[2] Arrêté consulaire du 5 nivôse an viii, art. 11.

[3] Lois des 27 et 28 fructidor an iv.

Le silence de la loi, sur ces divers objets, conféra au Directoire une latitude dont il fit grandement usage.

Dans une foule de cas, le Ministre de la justice, par une même décision, revendiquait, pour l'autorité administrative, la connaissance d'une contestation et la lui attribuait.

Lorsqu'il s'élevait un conflit réel, entre juridictions territoriales, le Ministre en était averti par le commissaire du Gouvernement près l'administration départementale, quand celle-ci avait été saisie, ou par le ministère public, quand cet agent avait conclu à l'incompétence du tribunal de droit commun et qu'il avait succombé dans ses efforts.

On ne voit nulle part, sous le Directoire, que les juges fussent prévenus des conflits soumis au pouvoir exécutif ; les arrêtés ministériels ne portent, non plus, aucune trace, ni d'actes accomplis pour supputer le délai de trente jours fixé par la loi, comme nécessaire et suffisant, afin de faire cesser la concurrence des juridictions, ni de mises en demeure adressées aux parties, pour provoquer leurs observations écrites, ni de mémoires présentés spontanément.

Il ne suffit point de prendre, dans les lois, des précautions théoriques contre les empiétements réciproques des autorités ; le partage des attributions reste lettre morte, s'il n'y a des agents éclairés, fidèles et actifs, également éloignés d'un zèle intempestif et d'une prudence pusillanime, pour arrêter les tentatives d'usurpations ou les éviter. Or, avec le système de recrutement des fonctionnaires publics, sous le Directoire, il était bien difficile de réaliser ce *desideratum ;* l'instabilité constituait la règle, pour l'exercice des emplois ; tout se trouvait disposé pour exclure l'esprit de suite et l'étude des traditions ou précédents ; il devait arriver forcément, dès lors, que des négligences, des maladresses fussent commises par ceux qui nominalement représentaient le pouvoir central ; l'exemple suivant, tiré des archives de la chancellerie, en fournit un curieux exemple.

Une loi du 7 vendémiaire an IV avait prononcé la réquisition des fourrages, pour les armées de la République ; l'article 11 rendait les autorités administratives *responsables* de l'exécution des mesures prescrites.

Dans le canton de Chabreuil (Drôme), deux cultivateurs, Blézat et Cartellier, étaient en retard de livrer les fournitures qu'on les avait mis en demeure de procurer sur leurs récoltes ; l'un de ces individus avait déjà subi la réquisition d'un maître de postes, conformément aux ordres du Comité de salut public. Sans demander aucun éclaircissement sur les causes de l'abstention constatée, le commissaire du pouvoir exécutif près la municipalité du canton envoya des gendarmes, comme garnisaires, chez Blézat et Cartellier, qui refusèrent de les recevoir ; les agents de la force publique s'installèrent alors, aux risques et périls des personnes poursuivies, chez Arnoux, aubergiste, en s'ouvrant chacun, pour leur dépense journalière, un modeste crédit de 11 francs, qui correspondaient à 25 francs de nos jours; au bout de quelque temps, la dépense grossissant, l'hôtelier demanda timidement à être payé; les gendarmes le renvoyèrent à Blézat et Cartellier; ceux-ci déclinèrent toute responsabilité; il réclama au commissaire, auteur des ordres de rigueur; ce dernier, fort embarrassé, consulta le commissaire près l'administration centrale du département, qui répondit de s'adresser au juge de paix, en divisant les mémoires des dépenses, afin de ne pas excéder le taux de la compétence; mais le magistrat n'eut pas de peine à discerner le subterfuge et, s'appuyant sur l'indivisibilité des demandes, délaissa les parties à se pourvoir devant le tribunal civil. Cartellier assigna aussitôt le commissaire du canton; malgré les conclusions d'incompétence du ministère public, le tribunal retint l'affaire, mit Cartellier hors de cause, condamna aux dépens le commissaire intimé, et, en vertu de l'article 83 du Code des délits et des peines, dénonça ce fonctionnaire à l'accusateur public, comme coupable de vexations et concussions; il déclara, de plus, que les pièces seraient transmises au Corps législatif, par l'intermédiaire des députés du département, et au Directoire, par les Ministres de la justice et de la guerre.

Ce jugement fut signifié à l'hôtelier Arnoux, qui saisit l'Administration centrale, juge présumé de la demande tendant à obtenir un titre de créance contre le Trésor. Les administrateurs trouvèrent plus commode de rendre, le 11 germinal an v, un arrêté par lequel, «sans avoir égard», était-il dit, au jugement du tribunal, ils enjoignaient à Blézat et Cartellier, à tous leurs représentants ou ayants cause, de payer Arnoux, sous les peines portées par les lois sur les contributions publiques. Sur la signification de cet arrêté, Blézat et Cartellier présentèrent à nouveau requête au tribunal qui, le 19 germinal, déclara l'acte administratif «attentatoire» à sa juridiction et défendit de l'exécuter.

Les administrateurs du département ne voulurent pas être en reste; le 24 germinal, ils confirmèrent leur décision, avec injonction itérative, à Blézat et Cartellier, de s'acquitter et défense d'obtempérer au second jugement civil.

Il n'était que temps, comme on le voit, d'en finir avec cette rivalité d'attributions poussée aux plus extrêmes limites.

Le Ministre de la justice, appelé à vider le conflit, était alors un éminent légiste, Merlin de Douai; il y avait lieu d'attendre de ses lumières une solution qui dégageât les points essentiels de la cause; mais l'examen du dossier trahit l'espoir qu'on aurait formé à cet égard. Le garde des sceaux avoua sa grande perplexité d'esprit. L'autorité administrative était compétente, pensait-il, pour connaître de l'exécution d'une loi confiée à sa vigilance; mais elle avait pris de «fausses mesures» et provoqué, par son erreur, une instance judiciaire. «Dans la *rigueur des principes*, ajoutait Merlin, *peut-être* les administrateurs devraient-ils être *personnellement* responsables des *suites* d'une *mesure inconsidérée et illégale*; mais vous trouverez *peut-*

être trop *sévère* de punir des fonctionnaires qui *n'ont voulu qu'accélérer et qu'assurer* l'approvisionnement de l'armée. »

En définitive, le Ministre déclina le soin de prononcer et s'en remit au Directoire, qui fit comme lui ; l'affaire suivit donc son cours devant le tribunal civil.

Le recueil manuscrit des arrêtés du Directoire exécutif concernant le département de la justice [1] fournit beaucoup d'exemples de luttes aussi vives que celle qu'on vient de citer, entre les autorités administrative et judiciaire.

Une remarque de quelque intérêt se rapporte au libellé du dispositif des décisions sur conflits.

La formule usitée depuis longtemps : « seront considérés comme non avenus » (les actes de procédure mis à néant), n'était pas en usage pendant la période directoriale.

Dans les deux premières années du « régime constitutionnel » (c'est ainsi qu'on l'appelait), le Ministre annulait indifféremment les ordonnances et mandements émanés des corps dessaisis ou les requêtes présentées à tort devant une juridiction reconnue incompétente. Par la suite, on fit une distinction correcte, pour mieux respecter l'indépendance du « pouvoir judiciaire » [2], vis-à-vis du Gouvernement. Lorsque des actes administratifs étaient déclarés étrangers à la compétence des corps qui les avaient rendus, on disait : « les arrêtés sont annulés », parce que, aux termes de la Constitution, le Directoire avait qualité pour censurer les décisions prises par des autorités administratives et que la même prérogative ne lui appartenait point à l'égard des tribunaux. C'est pourquoi, depuis l'an v, on se borna, quand des conflits étaient validés, à déclarer que les jugements, tenus pour attentatoires au principe de division des pouvoirs resteraient « sans exécution », parce que le soin de les exécuter était dévolu aux officiers du ministère public [3], agents du Directoire.

VIII

Les évocations anciennes et les conflits d'attributions diffèrent sur deux points particuliers qu'il est à propos de constater :

1° Les évocations ne supposaient pas nécessairement une loi générale ou spéciale qui aurait virtuellement réglé la compétence litigieuse à raison de la matière ;

2° Elles pouvaient intervenir d'office, comme les conflits, sur le simple signalement d'un fonctionnaire, ou bien être provoquées par des recours individuels, dans la forme contentieuse ou gracieuse.

Quoique, depuis l'avènement de Louis XVI, la jurisprudence des Conseils

[1] Archives nationales AF*, III, 158 à 166.
[2] Expression employée par la Constitution du 5 fructidor an III.
[3] Loi des 16-24 août 1790 (tit. VIII, art. 1er).

du roi eût posé des règles précises et fermement maintenues, pour délimiter d'une manière plus satisfaisante les pouvoirs administratifs et judiciaires, la répétition des abus antérieurs avait laissé un souvenir vivace soigneusement entretenu, nous dirons plus loin de quelle façon, et, en 1789, elle servit de prétexte pour changer le mode suivi dans la répression des empiétements réciproques des autorités sur leurs attributions respectives.

L'Assemblée constituante laissa au monarque qualité pour prononcer sur « les réclamations d'incompétence, à l'égard des corps administratifs » [1] seulement, et non pas des juges civils, dont les actes usurpateurs ne pouvaient être censurés que par le tribunal de cassation [2]. Encore ce dernier, si un doute s'élevait sur la dévolution de compétence, devait-il s'abstenir de l'écarter ; il lui fallait alors provoquer une loi interprétative, de telle sorte que, dès qu'une prétention juridictionnelle ne pouvait pas être appréciée, par le seul examen des circonstances, et qu'elle tendait à signaler une incertitude, sur la portée des dispositions légales établissant le départ des fonctions entre les autorités administrative et judiciaire, le règlement des conflits s'opérait par voie législative [3].

Cette intervention d'une assemblée politique, au cours des procès, n'était pas sans doute exempte de périls ; néanmoins elle offrait, comme garanties compensatoires, un premier examen en comité, suivi d'un rapport et, au besoin, de débats publics, où il fallait justifier à la fois d'un texte préexistant, dans lequel on pût dégager et mettre en lumière le point obscur de compétence. On ne se serait pas cru permis de modifier incidemment et avec effet rétroactif les principes observés jusque-là.

Mais ce qu'aucune des chambres omnipotentes qui avaient siégé, de 1789 à 1795, n'avait tenté, le Directoire exécutif l'osa faire, pendant quatre années consécutives, à la faveur de la loi défectueuse qui le chargeait de statuer sur les conflits, sans entourer l'exercice de cette prérogative de formes protectrices destinées à assurer un examen vraiment juridique, par des conseillers réunissant les conditions désirables d'aptitude et d'indépendance.

---

[1] Loi des 7-14 octobre 1790 (art. 3).

[2] Loi des 27 novembre-1er décembre 1790 (art. 2).

[3] Lois des 16-24 août 1790 (tit. II, art. 12) et 27 novembre-1er décembre suivant (art. 21).

Cette dernière loi s'occupe du cas de dissentiment persistant entre le tribunal de cassation et les juridictions soumises à sa censure ; sur la forme à suivre pour interpréter la loi, en pareille occurrence, consulter :

Loi du 16 septembre 1807 ; avis du Conseil d'État des 17-26 décembre 1823 ; Chambre des pairs, 1er mars 1827, observations de M. Portalis ; *contrà* : rapport de M. de Sèze à la même Chambre, 9 avril 1816 ; loi des 19-21 mars 1817 ; rapport du duc de Broglie à la Chambre des pairs, 1er mars 1827, et observations du baron Pasquier ; Henrion de Pansey, *Autorité judiciaire*.

Du 13 floréal an IV au 16 brumaire an VIII, le Directoire rendit 108 arrêtés, tous confirmatifs de décisions ministérielles sur conflits d'attributions ; voici comment se décomposent ces actes :

OBJETS.	VALIDATIONS.	ANNULATIONS.
Actions personnelles contre des agents administratifs ou assimilés.	21	1
Affouages et biens communaux (jouissance et partage).	4	1
Désertion.	1	//
Dettes { communales.	2	//
Dettes { nationales.	14	//
Eaux de sources.	//	1
Marchés de fournitures et transports.	2	9
Mines.	//	1
Mode de réparation du dommage causé aux arbres d'une grande route.	1	//
Police administrative.	8	//
Saisie pour emprunt forcé (assimilation aux impôts directs).	1	//
Ventes de biens nationaux.	31	10
Totaux.	85	23

108

Sur les 85 confirmations prononcées il n'y en a pas 10 qui puissent se justifier en droit ; à défaut de textes positifs, en invoquant des maximes générales, dont il ne faisait pas une saine application ; en exagérant et combinant certaines dispositions légales, pour en induire des principes parfois directement contraires à ceux qu'avait consacrés le législateur, de 1789 à 1795 ou même depuis cette dernière année, le Directoire fit entrer, dans le cercle des attributions administratives, une foule de litiges portant sur les objets ci-après :

1° Règlement des droits de propriétaires d'une source d'eau minérale ; la convocation des coïntéressés avait été prescrite par justice ; l'administration départementale la défendit, et il fut décidé qu'en ce faisant elle avait agi dans la limite de ses pouvoirs destinés à «prévenir les attroupements»[1] ;

[1] Arrêté directorial du 24 messidor an V.

2° Action contre un administrateur municipal, pour atteinte à l'exercice du culte; les poursuites s'appuyaient sur «des faits relatifs à l'exercice des fonctions administratives» [1];

3° Demande en rétractation de «propos injurieux et diffamans», dans une séance administrative, contre un tiers; les paroles prononcées concernaient des infractions à la loi sur la police des cultes; et celui qui les avait tenus exerçait une surveillance «faisant partie des fonctions administratives» [2].

4° Citation pour injures écrites imputées à un agent municipal; la lettre reprochée avait été faite «dans l'exercice des fonctions administratives et elle tendait au maintien de l'ordre» [3];

5° Plainte, pour arrestation arbitraire, formée contre de simples citoyens; ceux-ci «s'étaient joints» à la garde nationale, requise par un agent administratif [4];

6° Répression d'un ordre de détention, par le commissaire d'une administration municipale; ce n'était qu'une «mesure administrative» ayant pour cause l'inscription sur la liste des émigrés [5];

7° Demande en nullité d'ordres de remise en prison; il s'agissait d'une «mesure de police administrative» [6];

8° Information, sur détournement de deniers publics, suivie à la fois par un juge de paix et une administration départementale; celle-ci avait «la surveillance» des fonds provenant de revenus nationaux; le magistrat instructeur avait commis un empiétement de pouvoirs, «en voulant s'attribuer des fonctions administratives» [7];

9° Poursuites contre un agent municipal accusé de faux en écritures publiques; «le délit avait un *rapport immédiat* avec l'exercice des fonctions» administratives [8];

10° Des solutions analogues intervinrent, pour l'altération des registres, par un officier de l'état civil [9], et pour des erreurs préjudiciables commises dans les actes; les fonctions d'officier de l'état civil furent déclarées administratives [10];

[1] Arrêté directorial du 12 fructidor an v.
[2] Arrêté directorial du 14 germinal an vi.
[3] Arrêté directorial du 4 nivôse an vi.
[4] Arrêté directorial du 18 vendémiaire an vi.
[5] Arrêté directorial du 2 nivôse an vi.
[6] Arrêté directorial du 2 nivôse an vi.
[7] Arrêté directorial du 4 brumaire an vi.
[8] Arrêté directorial du 12 nivôse an vii.
[9] Arrêté directorial du 12 pluviôse an vii.
[10] Arrêté directorial du 2 nivôse an vi.

11° Demande en restitution de fusil; tantôt la saisie en avait été faite dans un but de sûreté [1], parce que le détenteur était suspect [2], tantôt elle tendait à l'armement des défenseurs de la patrie [3], et l'action en remboursement du prix n'était même pas réservée;

12°. Demande de payement d'écritures faites, pour la confection de rôles d'impôts, que le travail eût été exécuté au compte d'une commune [4] ou de répartiteurs [5] : il s'agissait d'«opérations administratives»;

13° Action en responsabilité, contre un agent municipal, pour prix de billets de logements militaires [6];

14° Demande en acquittement de loyer contre un agent administratif installé avec ses bureaux : l'occupation avait eu lieu pour le service public [7];

15°. Instance pour maintien de jouissance d'un bien national dûment affermé; «il n'appartenait qu'à l'Administration de procurer l'exécution» des titres émanés d'elle [8];

16° Instruction judiciaire, pour dissipation d'objets appartenant à la République, contre le délégué d'une municipalité chargée de vendre le mobilier d'un ancien couvent : la matière était purement administrative [9];

17° Poursuite et condamnation correctionnelle contre un agent municipal convaincu d'avoir fait indûment délivrance de bois communaux; c'était un «acte relatif à ses fonctions» [10];

18° Demande en rétablissement des lieux, contre un individu qui avait changé l'état d'une fontaine à l'usage de laquelle des tiers prétendaient avoir droit; la voie de fait invoquée constituait une «opération administrative», parce que l'administration municipale l'avait *autorisée* [11].

On voit, par ces exemples, quelle heureuse amélioration fut introduite, par l'ordonnance du 1er juin 1828, lorsqu'elle défendit d'élever, en aucun cas, le conflit dans les matières criminelles et dans les procès correctionnels, si ce n'est pour des questions préjudicielles. S'inspirant de la disposition

---

[1] Arrêté directorial du 4 germinal an VI.
[2] Arrêté directorial du 8 germinal an VI.
[3] Arrêté directorial du 8 messidor an VI.
[4] Arrêté directorial du 12 frimaire an VI.
[5] Arrêté directorial du 18 thermidor an VI.
[6] Arrêté directorial du 4 ventôse an VI.
[7] Arrêté directorial du 2 vendémiaire an VII.
[8] Arrêté directorial du 18 pluviôse an VI.
[9] Arrêté directorial du 28 brumaire an VI.
[10] Arrêté directorial du 2 vendémiaire an VII.
[11] Arrêté directorial du 14 vendémiaire an VII.

finale des nouvelles lois annuelles du budget, qui dispensaient de toute formalité les poursuites, à raison de recouvrement d'impôts non votés par les Chambres, la même ordonnance interdit de soulever le conflit, pour défaut d'autorisation préalable de mise en jugement des fonctionnaires actionnés.

La nécessité de cette autorisation a été mise au nombre des griefs du parti libéral contre le Consulat. Ceux qui ont formulé un pareil reproche ignoraient évidemment que la Constitution de l'an VIII n'avait rien innové, mais se bornait à faire apprécier, en Conseil d'État, les demandes de poursuites jugées, sous le régime précédent, par le Directoire, qui statuait sur le seul rapport du Ministre de la justice et validait toujours les conflits ayant pour cause l'absence de renvoi des fonctionnaires, devant les tribunaux, par le Gouvernement [1].

Du reste, cette exception de forme n'était soulevée qu'en désespoir de cause, quand on n'avait pu découvrir un autre moyen de soustraire les agents administratifs à la juridiction de droit commun.

Toujours en l'absence de dispositions législatives déférant à des tribunaux exceptionnels certaines catégories de litiges, on invoquait aussi, comme argument, le caractère administratif des actes de lésion donnant lieu aux instances enlevées à la connaissance de la justice ordinaire.

En définitive, les évocations, sous l'ancien droit, après avoir été longtemps le fruit du caprice et de la faveur, durent être progressivement restreintes, par la législation, depuis le XVIIe siècle, et, encore plus, par la jurisprudence, au XVIIIe; à cette dernière époque, elles ne cessèrent point d'être décriées, grâce à des remontrances équivoques et périodiques où les Parlements affectaient de confondre, sous une même dénomination et dans la même réprobation, un système disparu d'arbitraire avec la sauvegarde de la règle, déjà consacrée, de l'indépendance des pouvoirs, qui allait entrer solennellement dans le nouveau droit public.

Les conflits d'attributions passèrent par les mêmes phases que les évocations. D'abord employés comme instrument politique, ils soulevèrent de nombreuses protestations, à cause de l'abus qu'on en avait fait, surtout sous le régime directorial. Ces abus pourtant s'amoindrirent, d'une manière notable, depuis le rétablissement du Conseil d'État et de la Commission du contentieux; l'ordonnance du 1er juin 1828 acheva de les détruire.

---

[1] Arrêtés directoriaux des 3 prairial et 14 thermidor an IV; 16 nivôse, 6, 7 et 16 pluviôse, 12 fructidor an V; 12 frimaire, 4 nivôse, 14 germinal, 2 fructidor an VI; 2 vendémiaire, 12 nivôse et 12 pluviôse an VII.